NHK出版
オリジナル楽譜シリーズ

大河ドラマ

JN022906

―――― ピアノ・ソロアレンジ集 ――――

作曲・監修
稲本 響

作曲家からのメッセージ・演奏アドバイス
······ 稲本 響 ······

「どうする家康 メインテーマ〜暁の空〜」

タイトル通り、イントロは暁の空から始まります。最初はちょっと頼りない家康公ですが、様々な出来事や人と出会って経験を積むにつれ、だんだんと民衆がついてくる。原曲では、その象徴として手拍子が聞こえてくるという構成になっています。フィナーレの部分は、黄金の甲冑を着た松本潤さん演じる家康公がみんなを率いていく姿を強く想像して書き上げました。

演奏する際には「オーケストラとピアノのための楽曲を、ピアノ・ソロで弾くんだ」というプレッシャーは捨てて下さい。作曲者である僕も無理です！ 力強さを出そうと、ついつい大きな音を出すことに意識がいってしまうと思いますが、ピアノという楽器の特性を生かすためにも、まずはご自分が一番自然体に出せる ff（フォルティッシモ）の強さを決めて、その音圧から逆算して pp（ピアニッシモ）の値を決めて下さい。大きな音を出すことに自信のない方は、pp（ピアニッシモ）を更に小さくしてみて下さい。そうすれば、強弱の幅は保たれますから、ちゃんと ff（フォルティッシモ）を感じさせることが出来ます。

メインテーマのオーケストレーションを担当している加藤真一郎さんが、細部に渡って楽曲の持つ空気感をピアノ・ソロ版にも込めてくれています。決して慌てずに、ご自分の間合いで弾いて下さい。オーケストラの強さではなく、広がりを意識していただけたら、きっと素敵な演奏になると思います。

この曲を弾いて下さることに、心から感謝を込めて…。

「豊穣の大地」「土と生きる」

メインテーマ以外には「どうする家康ツアーズ」から2曲です。ピアノの余韻を最大限に生かして下さい。ペダルはなるべく踏み変えずに、ギリギリまで音の重なりを耳で聞いて残しながら、ご自分の感覚で理想の響き具合を楽しみながら弾いていただけたらうれしいです。

どうする家康
メインテーマ〜暁の空〜

稲本 響　作曲

加藤真一郎　編曲

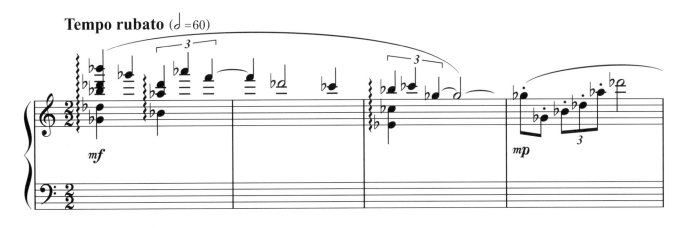

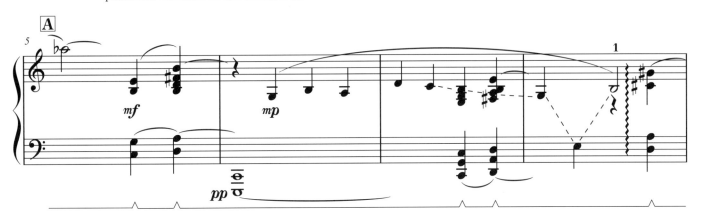

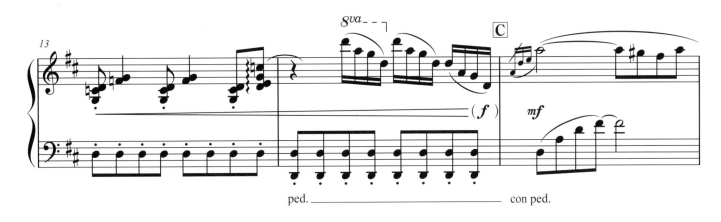

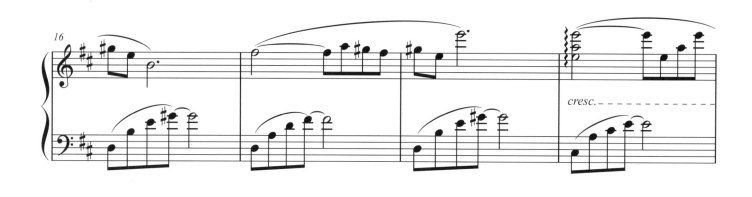

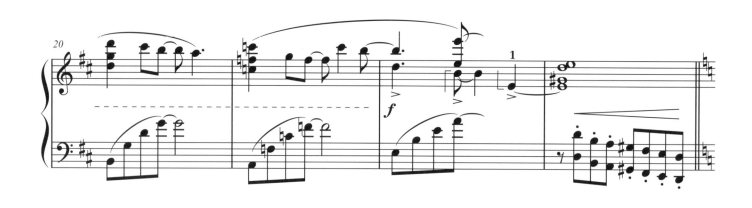

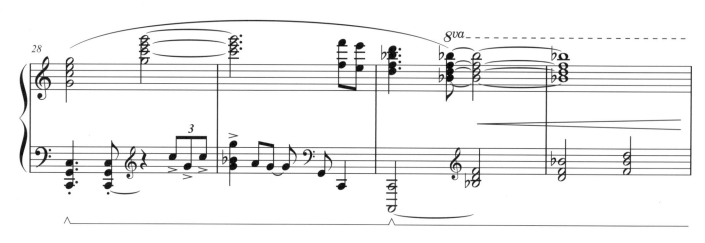

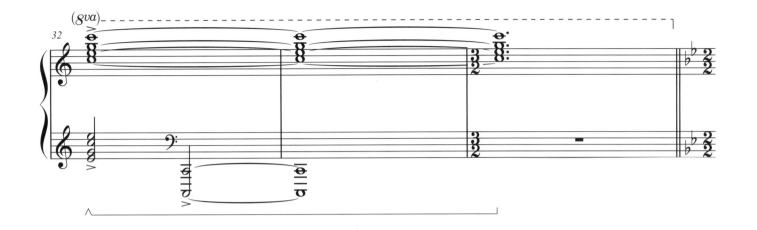

con ped.

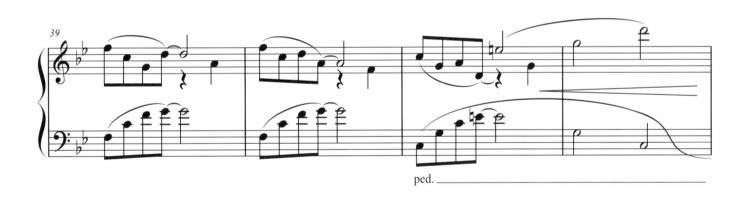

ped.

※ 上段は右手、下段は左手で演奏。

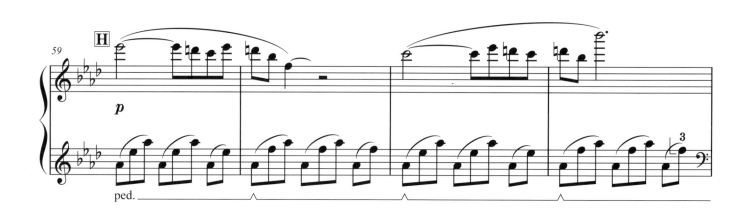

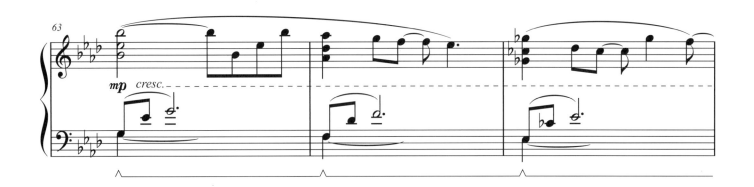

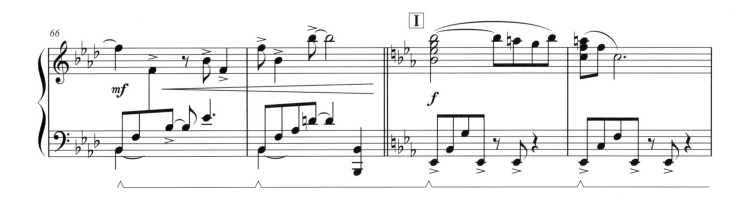

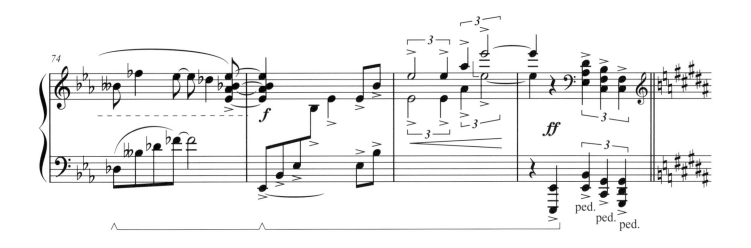

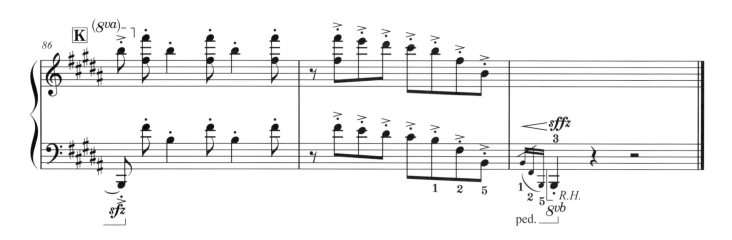

豊穣の大地

（「どうする家康ツアーズ」より）

稲本 響 作曲

土と生きる

（「どうする家康ツアーズ」より）

稲本 響　作曲

■作曲・監修　**稲本 響**（いなもと・ひびき）

ピアニスト・作曲家。1977年大阪・堺生まれ。3歳でピアノを始め、5歳でステージデビュー。18歳でドイツへ留学し、ピアニストの巨匠、アルフレッド・コルトーの奏法を身につけ独自の改良を加える。本人仕様の特注ピアノ「STEINWAY & SONS (NEW YORK)」を全国の各コンサート会場やレコーディングスタジオに毎回持ち運ぶというスタイルを持つ。また、映画・ドラマ・舞台・CM等の作曲・音楽監督も務める。主な作品は、映画「長い散歩」「グラスホッパー」、ドラマ「私という運命について」、舞台「海の上のピアニスト」「君と見る千の夢」。本人発明のピアノ音色変換装置「ピアノミュート」は特許取得済（特許第4572092号）。DMG MORIとの共同プロジェクトとしてデジタルコンテンツや製品に使用する音響デザインとオリジナル音楽の制作なども行っている。NHKにおいては「眩（くらら）〜北斎の娘〜」「平成細雪」「ストレンジャー〜上海の芥川龍之介〜」「ノースライト」など。
公式サイト　www.hibiki.com

■編曲　**加藤真一郎**（かとう・しんいちろう）

桐朋学園大学卒業（作曲専攻）。ロストック音楽大学、ミュンヘン音楽大学ピアノデュオ科マイスター課程修了。現在、国立音楽大学、桐朋学園大学非常勤講師。
公式サイト　www.seokato.com

■写譜：北村富美雄

[**表紙ビジュアル**（番組ポスターより）]
◆写真：松本 潤（徳川家康 役）
◆デザイン：GOO CHOKI PAR
◆撮影：佐藤新也

■デザイン：(株)オーク
■協力：NHK／NHKエンタープライズ／(株)M-site

■関連CDのご案内 ··

大河ドラマ「どうする家康」
オリジナル・サウンドトラック Vol.1
音楽：稲本 響
ビクターエンタテインメント
発売中
VICL-65789
定価 ¥3,300（税抜価格 ¥3,000）

★「どうする家康 メインテーマ〜暁の空〜」、「土と生きる（「どうする家康」ツアーズより）」、「豊穣の大地」収録。
★ iTunes Store、レコチョク、mora など主要ダウンロードサービスにて全曲配信中。

NHK出版オリジナル楽譜シリーズ
大河ドラマ「どうする家康」
ピアノ・ソロアレンジ集

2023年2月20日　第1刷発行

作曲・監修　稲本 響
発 行 者　土井成紀
発 行 所　NHK出版
　　　　　〒150-0042　東京都渋谷区宇田川町10-3
　　　　　電話　0570-009-321（問い合わせ）　0570-000-321（注文）
　　　　　ホームページ　https://www.nhk-book.co.jp
印 　 刷　近代美術
製 　 本　藤田製本

LOVE THE ORIGINAL
楽譜のコピーはやめましょう